Tapas

– das sind die verführerischen Häppchen, die man von Galicien bis Katalonien und vom Baskenland bis Andalusien in jeder Bar bekommt. Nach der Arbeit, vor dem Abendessen, ist die Zeit für den *tapeo*, die Runde durch die Bars, um dort bei einem Gläschen Wein oder Sherry ein paar nette Kleinigkeiten *para picar* – zum Aufspießen – zu genießen. Längst hat sich daraus eine eigene Kultur entwickelt, die Köche übertreffen sich gegenseitig mit immer neuen fantasievollen Kreationen. Hier finden Sie die aktuell besten!

NÜTZLICHES TAPAS-WISSEN

AUF DEM TITELBILD SEHEN SIE DIE REZEPTE TORTILLITAS MIT GARNELEN VON SEITE 25 UND GEBACKENE SARDINEN VON SEITE 14.

TAPAS FRISCH EINGETROFFEN

NEUES AUS ANDALUSIEN, KASTILIEN UND DEM BASKENLAND

GROSSE SPANIER GANZ KLEIN

BELIEBTE KLASSIKER
FEIN AUFGEPEPPT

TAPAS CROSSOVER

DIE WELT ZU GAST
IN SPANIENS KÜCHE

KLEINE TAPAS-KUNDE

WER HAT SIE EIGENTLICH ERFUNDEN, DIE TAPAS?

WAS ZÄHLT DENN SO ZU DEN TAPAS-KLASSIKERN UND WANN ISST MAN SIE IN SPANIEN?

WELCHE GERICHTE EIGNEN SICH GUT ALS TAPAS?

WO KRIEGT MAN ALL DIE SPANISCHEN SPEZIALITÄTEN?

WIE VIEL MUSS MAN DENN DA PRO PERSON SO RECHNEN?

Nach einer Legende erholte sich König Alfonso X. von Kastilien (13. Jh.) von einer schweren Krankheit deshalb so rasch, weil er auf Anraten seines Leibarztes täglich etwas Wein mit kleinen Mahlzeiten zu sich nahm. Daraufhin soll er allen Schankwirten befohlen haben, Alkohol nur noch mit einer kleinen Speise auszuschenken. **»Tapa« bedeutet übrigens Deckel** – darauf stützt sich die zweite Theorie: Die Gläser wurden mit Tellerchen abgedeckt, damit keine Insekten hineinfielen. Irgendwann kam jemand auf die Idee, ein Scheibchen Schinken oder ein paar Oliven darauf zu legen – die Tapas waren geboren!

Das ist **regional sehr verschieden**: In den Küstenregionen sind eingelegte und frittierte Fischchen und Meeresfrüchte beliebt. Im Landesinneren stehen eher Wurst, Schinken, Fleisch- und Kartoffelgerichte auf der Tapas-Karte. In Spanien **isst man traditionell sehr spät**, nie vor 21 Uhr, zu Abend. Um sich die Zeit bis dahin zu verkürzen, kehren viele nach der Arbeit in ihrer Lieblingsbar ein, um zu einem Gläschen Sherry oder Wein ein paar Tapas zu genießen. Das Gleiche gilt, wenn sich Spanier **abends zum Essen verabreden**: Man trifft sich in einer Bar, nimmt dort den Aperitif mit ein paar Tapas, und geht dann gemeinsam ins Restaurant.

Im Prinzip alles, was sich **im Stehen** von einem Tellerchen oder aus einer *cazuelita*, dem typischen spanischen Tonschälchen, mit einem **Holzspießchen** oder einer **Gabel** essen lässt. Dabei gilt: je abwechslungsreicher, desto besser! Ein wenig Schinken, Wurst und Fleisch, ein Gericht mit Fisch oder Meeresfrüchten, etwas Vegetarisches; ob nur kalte oder auch warme Gerichte, bleibt Ihnen überlassen. Dazu gehören unbedingt **Oliven und Weißbrot**.

Wenn Sie in einer größeren Stadt wohnen, finden Sie im Branchenverzeichnis Adressen von spanischen Lebensmittelgeschäften. Auch in den Lebensmittelabteilungen großer Kaufhäuser und in Feinkostgeschäften werden Sie fündig. Nichts davon in Ihrer Nähe? **Gute Adressen im Internet**, die ich empfehlen kann, sind: www.jamon.de, www.spanien-shop.de und www.gourmondo.de.

Damit alle satt werden, sollten Sie **pro Person 1 ganzes Rezept** rechnen. Das heißt: Für 4 Personen vier Rezepte zubereiten. Aber je mehr, desto besser, also möglichst viele verschiedene Tapas anbieten, weil gerade das Probieren besonderen Spaß macht. Und nicht vergessen: Pro Person sollten Sie ca. 150 g Ciabatta (oder anderes Weißbrot) als Beilage und zum Aufstippen der Saucen rechnen. Und dann *¡Que aproveche!* – **Guten Appetit!**

DAS SCHNELLSTE TAPAS-BÜFETT DER WELT

Mal wieder Lust, Freunde einzuladen, aber null Zeit für die Vorbereitung? Nichts wie ran ans Telefon und allen Bescheid sagen – die Zutaten für dieses Tapas-Büfett bekommen Sie fertig zu kaufen.

SERRANOSCHINKEN UND CHORIZO Ohne Schinken geht in Spanien gar nichts – er ist *der* Klassiker unter den Tapas. Der würzige, in klarer Bergluft getrocknete *Jamón serrano* oder – je nach Geldbeutel – der edlere *Jamón ibérico*, bevorzugt der von den berühmten schwarzen Eichelmastschweinen gewonnene *Pata negra*, dürfen auf keinem Tapas-Büfett fehlen. Ebenfalls beliebt ist *Chorizo*, eine luftgetrocknete Wurst, die mit Paprika und Knoblauch gewürzt ist. Sie bekommen beide in Feinkostläden, häufig sogar an der Wursttheke im guten Supermarkt. Lassen Sie sich den Schinken dünn aufschneiden. Die *Chorizo* kaufen Sie im Ganzen und schneiden sie zu Hause in ca. 2 mm dünne Scheiben. Richten Sie beide auf Tellerchen an und legen *pinchos*, kleine Holzzahnstocher, dazu, mit denen man die Leckerbissen aufspießt und in den Mund befördert. Besteck brauchen Sie für dieses Tapas-Büfett nicht.

MANCHEGO UND MEMBRILLO Als Nächstes kaufen Sie ein schönes Stück *Manchego*, einen Schafmilchkäse, der je nach Alter mild bis wür-

zig schmeckt. In Spanien kombiniert man gerne Pikantes mit Süßem – das ist ein maurisches Erbe: Zu Käse wird deshalb gerne *Membrillo*, eine schnittfeste Quittenpaste, gereicht. Falls die nicht zu bekommen ist, kaufen Sie ein Glas Quitten- oder Feigenmarmelade. Fürs Büfett schneiden Sie den Käse in Dreiecke, den *Membrillo* in mundgerechte Würfel und richten beide zusammen auf einer Platte an. (Die Marmelade rühren Sie mit 1–2 EL Weißwein glatt und füllen sie in ein Schälchen zum Eindippen.)

OLIVEN UND KAPERNÄPFEL Als aromatische frische Begleiter zu Schinken und Käse dürfen Oliven nicht fehlen! In Spanien besonders beliebt sind die milden, fruchtig schmeckenden *Manzanillas.* Aber auch jede andere Sorte, z. B. mit Paprika- oder Mandelfüllung, passt auf Ihr Büfett. Kapernäpfel (nicht zu verwechseln mit den kleinen Kapern!) sind ebenfalls eine leckere pikante Knabberei. Füllen Sie beide in Schälchen. Die Kapernäpfel haben Stiele, für die Oliven legen Sie *pinchos* dazu.

WEISSBROT Zu all diesen Köstlichkeiten brauchen Sie Weißbrot: Spanisches ist bei uns kaum zu bekommen, ähnelt aber dem italienischen Ciabatta, das deshalb ein guter Ersatz ist. Da Weißbrot schnell alt und trocken wird, am besten am Tag der Tapas-Party besorgen und erst kurz bevor Ihre Gäste kommen in Scheiben schneiden. Guter Trick für Brot vom Vortag: Kurz (!) unter kaltes fließendes Wasser halten und im Backofen knusprig aufbacken. Noch ein paar Schälchen mit Salzmandeln und Kartoffelchips dazugestellt – und die Fiesta kann steigen. Über die passenden Getränke lesen Sie auf der nächsten Seite.

SHERRY, WEIN UND CO. ECHT SPANISCH GENIESSEN

Dazu wurden sie schließlich erfunden, die Tapas: als schützende »Abdeckung« fürs Gläschen Sherry, Wein oder Bier. Hier die typischen Getränke beim *tapeo*.

1 SHERRY Der strohgelbe trockene *Fino* ist eine ausgezeichnete Wahl zu Tapas. Er wird, gut gekühlt, in tulpenförmigen Gläschen ausgeschenkt, die sein zartes Mandelaroma gut zur Geltung bringen. In der Provinz Jerez de la Frontera ist nahezu jeder zweite Erwachsene in der Sherry-Herstellung beschäftigt. Eine Spezialität aus Sanlúcar de Barrameda, einer kleinen Küstenstadt unweit von Jerez, ist der trockene, leicht salzig schmeckende *Manzanilla*. Wer halbtrockenen Sherry bevorzugt, nimmt einen Amontillado, der gut zu reifem Käse passt.

2 CERVEZA Spanien ist ein typisches Weinland – denkt man immer so. In Wirklichkeit ist speziell im Sommer Bier mindestens genauso beliebt. In der Tapas-Bar bestellen Sie bei Bierdurst *una caña*. Das Bier vom Fass wird in kleinen Gläsern, wie man sie bei uns für Kölsch oder Alt verwendet, ausgeschenkt.

3 CAVA Wer es prickelnd liebt, wählt zu Tapas ein Gläschen Cava, spanischen Schaumwein, der vorwiegend in Katalonien nach dem traditionellen Champagner-Verfahren hergestellt wird. Cava *Extra brut* oder *brut* (sehr trocken bzw. trocken) passt z. B. ausgezeichnet zu Fisch- und Meeresfrüchte-Tapas.

4 TINTO, BLANCO UND ROSADO Spanischer Rotwein (*tinto*) harmoniert wunderbar mit Schinken, Käse und deftigen Schmorgerichten. Weißwein (*blanco*) wird wie bei uns überwiegend zu Fisch und Meeresfrüchten getrunken. In Navarra, einer Provinz im Norden, wird leckerer Roséwein (*rosado*) kultiviert, der gut gekühlt serviert wird und zu beidem passt.

5 SANGRÍA Das beliebte Sommergetränk zaubert Urlaubsstimmung auf Ihr Fest: Für einen Krug mit ca. 2 l Füllmenge je 1 Bio-Orange und Bio-Zitrone heiß abwaschen und in dünne Scheiben schneiden. Mit 1–2 EL Zucker in den Krug geben und nach Belieben mit 2–3 EL spanischem Brandy beträufeln. 2–3 reife Pfirsiche häuten, halbieren und den Kern entfernen. Das Fruchtfleisch klein würfeln und dazugeben. Mit dem Saft von je 1 Orange und Zitrone, 1 l trockenem Rotwein und 1/2 l Mineralwasser auffüllen. Zugedeckt für mindestens 2 Std. in den Kühlschrank stellen. Servieren Sie die *Sangría* in Longdrink-Gläsern mit langen Löffeln für die Fruchtstückchen. Schneller gemacht und ebenfalls sehr erfrischend ist das andalusische Sommergetränk *Vino de verano*: Longdrink-Gläser mit Eiswürfeln zur Hälfte mit Rotwein füllen und mit klarer Limonade aufgießen.

1
4
5
2
3

TAPAS
FRISCH
EINGETROFFEN

maurisch

ORANGENSALAT
MIT GRANATAPFEL

[Ensalada de naranjas y granada]

400 g Kabeljaufilet ++ Salz ++ Pfeffer ++ 1 EL Olivenöl ++ 3 Orangen ++ 3 Frühlingszwiebeln ++ 2 Stiele Koriandergrün ++ 1 Granatapfel

Für 6 Portionen | Zubereitung **30 Min.** | Pro Person ca. **140 kcal, 14 g EW, 5 g F, 14 g KH**

1 Backofen auf 200° vorheizen. Den Fisch kalt abspülen, trockentupfen, salzen und pfeffern. Ein Stück Alufolie innen mit dem Öl einstreichen, den Fisch darin einpacken. Den Fisch im Päckchen (mit dem Falz nach oben) auf dem Blech im Backofen (Mitte, Umluft 180°) ca. 15 Min. garen.

2 Inzwischen die Orangen bis ins Fruchtfleisch schälen und in dünne Scheiben schneiden, den Saft dabei auffangen. Die Frühlingszwiebeln putzen, waschen und fein schneiden. Das Koriandergrün waschen, die Blättchen abzupfen. Den Granatapfel halbieren, aus einer Hälfte die Kerne vorsichtig mit den Fingern herauslösen, weiße Teile aussortieren. Die andere Hälfte auspressen, den Saft mit dem Orangensaft mischen.

3 Den Fisch herausnehmen, lauwarm abkühlen lassen. In Stücke pflücken und mit Orangen und Frühlingszwiebeln auf einer Platte anrichten. Mit Granatapfelkernen und Korianderblättchen bestreuen und mit dem Saft beträufeln.

würzig und leicht

ARTISCHOCKEN MIT SERRANOSCHINKEN

[Alcachofas con jamón serrano]

1 Bund Petersilie
6 kleine Artischocken
2 EL Olivenöl
100 ml trockener Weißwein
200 ml Tomatenpüree (aus dem Tetrapak)
1 Lorbeerblatt
Salz | Zucker | Pfeffer
6 Scheiben Serranoschinken (ca. 60 g)

Für 6 Portionen | Zubereitung **30 Min.** | Pro Person ca. **165 kcal, 10 g EW, 8 g F, 10 g KH**

1 Die Petersilie waschen und trockenschütteln, 2 Stiele in eine Schüssel mit Wasser legen, vom Rest die Blätter abzupfen und fein schneiden. Von den Artischocken die Stiele kürzen und schälen. Äußere harte Blätter entfernen, Blattspitzen mit einer Küchenschere abschneiden. Das »Heu«, die Fasern im Inneren, herauskratzen. Artischocken vierteln und in die Schüssel mit Wasser legen.

2 Das Öl in einer Schmorpfanne erhitzen. Die Artischocken gut abtropfen lassen und darin 3 Min. anbraten. Mit dem Wein ablöschen und diesen in 2–3 Min. auf die Hälfte einkochen lassen. Tomatenpüree, Lorbeerblatt und je 1 Prise Salz, Zucker und Pfeffer dazugeben. Zugedeckt bei schwacher Hitze 4–5 Min. schmoren lassen, bis die Artischocken weich sind.

3 Die Artischocken mit der Petersilie bestreuen und in sechs Tonschälchen verteilen. Je 1 Schinkenscheibe in Stücke zupfen und darauf anrichten. Mit Weißbrot servieren.

MUSS NICHT ZITRONENSAFT INS WASSER FÜR DIE ARTISCHOCKEN?

Zitronensaft im Wasser verhindert zwar auch, dass die Artischocken braun werden, er macht sie aber leicht bitter. Petersilie hat die gleiche Wirkung, ist aber geschmacksneutral.

lecker gefüllt

GEBACKENE SARDINEN

[Sardinas asadas]

3 EL Rosinen
2 EL Sherry medium
3 EL Pinienkerne
1 EL gehackte Petersilie
Salz | Pfeffer
12 frische Sardinen (je ca. 40 g)
3 EL Mehl
1 Ei
4 EL Semmelbrösel zum Panieren
Olivenöl zum Braten
1 Knoblauchzehe
Zitronenschnitze zum Garnieren

Für 12 Stück | Zubereitung **35 Min.** | Pro Stück ca. **86 kcal, 9 g EW, 3 g F, 6 g KH**

1 Die Rosinen fein hacken und in einer Tasse mit dem Sherry mischen. Die Pinienkerne in einer Pfanne ohne Fett goldgelb rösten, abkühlen lassen. Im Mörser grob zerstoßen und mit den Rosinen, der gehackten Petersilie und je 1 Prise Salz und Pfeffer mischen.

2 Von den Sardinen nach Belieben die Köpfe entfernen. Am Bauch einen kleinen, ca. 4 cm langen Schnitt machen und durch diese Öffnung die Sardinen mit einem Teelöffelstiel ausnehmen. Innen und außen kalt abwaschen und trockentupfen. Die Sardinen mit der Rosinenmischung füllen.

3 Zum Panieren das Mehl auf einen Teller geben. Das Ei mit 1 TL Wasser in einem tiefen Teller verquirlen. Die Semmelbrösel auf einen dritten Teller geben. Die gefüllten Sardinen nacheinander im Mehl wälzen, überschüssiges Mehl abklopfen. Die Sardinen dann durch das verquirlte Ei ziehen und in den Semmelbröseln wenden. Die Panade leicht andrücken.

4 In einer Pfanne 1 cm hoch Olivenöl erhitzen. Die Knoblauchzehe ungeschält zerdrücken und dazugeben. Die Sardinen im Öl bei mittlerer Hitze von jeder Seite in ca. 2–3 Min. goldbraun ausbacken. Herausheben und auf Küchenpapier abtropfen lassen. Mit Zitronenschnitzen servieren.

prima Reste-essen

GERÖSTETE BROTKRUMEN MIT CHORIZO

[Migas con chorizo]

400 g gutes altbackenes Weißbrot (1–3 Tage alt)
3 Knoblauchzehen
1 EL rosenscharfes Paprikapulver
50 g Schinkenspeck am Stück
100 g Chorizo
3 EL Olivenöl

Für 6 Portionen | Zubereitung **30 Min.** | Einweichzeit **12 Std.**
Pro Person ca. **310 kcal, 9 g EW, 16 g F, 33 g KH**

1 Das Brot entrinden, in kleine Würfel schneiden und in eine Schüssel geben. Den Knoblauch schälen und fein hacken. Knoblauch und Paprikapulver mit 10 EL Wasser vermischen und die Brotwürfel damit befeuchten. Gut durchmischen. Die Schüssel mit einem feuchten Tuch abdecken und die Brotkrumen 12 Std. durchziehen lassen.

2 Den Speck fein würfeln, die Chorizo in dünne Scheiben schneiden. Das Öl in einer großen Pfanne erhitzen, den Speck darin bei mittlerer Hitze ausbraten. Die eingeweichten Brotkrumen dazugeben und braten, bis sie Farbe annehmen. Gelegentlich mit einer Gabel zerdrücken und umrühren. Die Chorizo dazugeben und unter Rühren Brot und Wurst in weiteren 10 Min. knusprig braten. Auf kleine Teller verteilen und sofort heiß servieren.

MEIN BEILAGEN-TIPP

Dieses ehemalige Arme-Leute-Essen ist das Leibgericht vieler Spanier und deshalb in manchen Bars der Tapas-Renner. Dazu schmeckt **ein Salat** aus Tomaten, roten Zwiebeln und schwarzen Oliven, den Sie mit Salz, Sherryessig und Olivenöl anmachen.

KANN ICH FÜR DIE MIGAS AUCH FRISCHES BROT NEHMEN?

Nein, es muss wirklich alt, darf ruhig schon ziemlich hart sein! Bei frischem Brot weicht die Krume sofort auf und lässt sich nicht krümelig braten.

[Broquetas de higado de ternera y albaricoques]

LEBER-APRIKOSEN-SPIESSE

raffiniert

100 ml Sherry medium ++ 2 EL Sherryessig ++ 1 EL Honig ++ 2 Knoblauchzehen ++
400 g Kalbsleber ++ 9 feste Aprikosen ++ 6 runde Frühlingszwiebeln ++ Salz ++ Pfeffer ++
6 Holzspieße (15 cm) ++ Öl für die Spieße und die Pfanne

Für 6 Spieße | Zubereitung **35 Min.** | Pro Spieß ca. **200 kcal, 18 g EW, 7 g F, 19 g KH**

1 Den Sherry und den Essig in einem Töpfchen aufkochen lassen. Den Honig unterrühren. Den Knoblauch schälen und dazupressen. Sauce bei mittlerer Hitze 4–5 Min. kochen und beiseitestellen.

2 Die Leber von Häutchen und Sehnen befreien und in ca. 2,5 cm große Würfel schneiden. Die Aprikosen waschen, halbieren und entsteinen. Von den Frühlingszwiebeln das Grün abschneiden und anderweitig verwenden; die Zwiebeln waschen, putzen und halbieren. Die Spieße einölen und im Wechsel Leberwürfel, Aprikosen- und Zwiebelhälften aufstecken.

3 Eine Grillpfanne erhitzen, die Stege mit Öl einpinseln. Die Spieße darin bei mittlerer Hitze von jeder Seite ca. 3 Min. braten. Herausnehmen, salzen, pfeffern und mit der Sherrysauce beträufeln.

EIER IM TONSCHÄLCHEN

heiß aus dem Ofen

[Huevos a la Flamenca]

250 g grüner Spargel
Salz
1 rote Paprikaschote
10–12 Kirschtomaten
1 Zwiebel
2 Knoblauchzehen
1 große rote Chilischote
100 g Chorizo
4 EL Olivenöl
4 Eier
4 *cazuelitas* (spanische Tonschälchen, ersatzweise andere ofenfeste Förmchen)

Für 4 Portionen | Zubereitung **45 Min.** | Pro Person ca. **395 kcal, 15 g EW, 27 g F, 27 g KH**

1 Den Spargel im unteren Drittel schälen, die Enden abschneiden; den Spargel in ca. 5 cm lange Stücke schneiden. Salzwasser zum Kochen bringen, den Spargel darin 5 Min. kochen lassen. Abgießen und in Eiswasser abkühlen. Herausnehmen und abtropfen lassen.

2 Die Paprikaschote waschen, putzen und in Streifen schneiden. Die Tomaten waschen und halbieren. Die Zwiebel und den Knoblauch schälen und fein hacken. Die Chilischote waschen und in Ringe schneiden, die Kerne nach Belieben entfernen. Die Chorizo in Scheiben schneiden.

3 Den Backofen auf 180° vorheizen. Die Tonschälchen mit Öl ausstreichen. Das restliche Öl in einer Pfanne erhitzen. Zwiebel und Knoblauch darin 2 Min. anbraten. Chili, Chorizo, Paprikastreifen und Tomaten dazugeben und unter Rühren 3 Min. bei mittlerer Hitze braten. Salzen und den Spargel untermischen.

4 Den Pfanneninhalt in die vier Schälchen verteilen. Jeweils in die Mitte eine Delle drücken und ein Ei hineinschlagen (vorsichtig, damit das Eigelb ganz bleibt!). Im heißen Ofen (Mitte, Umluft 160°) 10–12 Min überbacken, bis die Eier gestockt sind. Mit Weißbrot zum Einstippen servieren.

WIESO MUSS DER SPARGEL INS EISWASSER?

Wenn Sie grünen Spargel in Salzwasser kochen, verliert er seine kräftige Farbe. Geben Sie ihn danach aber sofort in eiskaltes Wasser, bleibt er schön grün. Das Auge isst schließlich mit!

GROSSE SPANIER GANZ KLEIN

frisch und fruchtig

GAZPACHO-MINI-FLANS

[Flanes de gazpacho]

Für die Flans: 8 Blatt weiße Gelatine ++ 1 Scheibe altbackenes Weißbrot ++ 3 EL Sherryessig ++ 3 reife Tomaten (ca. 400 g) ++ je 1 rote und grüne Parikaschote ++ 1 kleine Gärtnergurke (ca. 300 g) ++ 2 Knoblauchzehen ++ 4 EL Olivenöl ++ Salz ++ Peffer ++ 6 Schälchen mit 100 ml Inhalt

Für die Sauce: 150 g Schmand ++ 3 EL Limettensaft ++ Salz ++ Zucker ++ 1 Bund Schnittlauch

Für 6 Portionen | Zubereitung **30 Min.** | Kühlzeit **4 Std.**
Pro Portion ca. **180 kcal, 5 g EW, 14 g F, 7 g KH**

1 Gelatine in kaltem Wasser einweichen. Brot entrinden und mit Essig beträufeln. Gemüse waschen, putzen und klein schneiden, Knoblauch schälen. Gemüse, Knoblauch, Brot und Öl im Mixer oder mit dem Pürierstab fein pürieren. Mit Salz und Pfeffer kräftig abschmecken.

2 Die Schälchen kalt ausspülen. Die Gelatine aus dem Wasser nehmen, tropfnass in einen kleinen Topf geben und bei schwacher Hitze unter Rühren auflösen. Die aufgelöste Gelatine unter den Gazpacho rühren. In die Schälchen füllen und für 4 Std. in den Kühlschrank stellen.

3 Schmand und Limettensaft verrühren, mit Salz und Zucker abschmecken. Schnittlauch waschen und in Röllchen schneiden, untermischen. Die Mini-Flans mit einem spitzen Messer vom Rand lösen, die Schälchen kurz in heißes Wasser tauchen und auf Tellerchen stürzen, die Schnittlauchsauce dazugeben.

aus der Muffin-Form

TORTILLITAS MIT GARNELEN

[Tortillitas con gambas]

400 g Kartoffeln
50 g Zuckerschoten
2 Frühlingszwiebeln
1 rote Chilischote
1 Knoblauchzehe
Salz
4 Eier
100 g gegarte Garnelen
neutrales Pflanzenöl zum Braten
1 Muffin-Blech

Für 6 Stück | Zubereitung **40 Min.** | Pro Stück ca. **140 kcal, 12 g EW, 6 g F, 17 g KH**

1 Die Kartoffeln schälen und in Pommes-frites-Form schneiden. Die Zuckerschoten waschen, falls nötig entfädeln und die Enden abschneiden. Die Schoten schräg halbieren oder dritteln. Die Frühlingszwiebeln putzen, waschen und bis zum hellgrünen Teil in schräge Ringe schneiden. Die Chilischote waschen, längs halbieren, entkernen und in feine Streifen schneiden. Den Knoblauch schälen und klein würfeln.

2 In einer Pfanne 2 cm hoch Öl erhitzen. Kartoffeln darin bei mittlerer Hitze in 6–7 Min. knapp gar, aber nicht braun braten. Herausheben, salzen und in einem Sieb abtropfen lassen. Zuckerschoten, Frühlingszwiebeln, Chili und Knoblauch im heißen Öl 1 Min. braten, durch ein feines Sieb abgießen, dabei das Öl auffangen (kann wieder verwendet werden).

3 Den Backofen auf 180° vorheizen. 6 Vertiefungen des Muffin-Blechs mit Öl auspinseln. Die Eier in eine Schüssel schlagen und mit 1 kräftigen Prise Salz verrühren (nicht schaumig schlagen!). Kartoffeln, Gemüsemischung und Garnelen unterrühren. In die Vertiefungen des Muffin-Blechs verteilen. Die Tortillitas im Backofen (Mitte, Umluft 160°) in 12–15 Min. stocken lassen. Herausnehmen und 5 Min. ruhen lassen. Mit einem Messer vom Rand lösen und die Tortillitas herausheben. Lauwarm mit einem kleinen Salat oder kalt auf Weißbrot servieren.

gelingt ganz leicht

SEETEUFEL
MIT VENUSMUSCHELN

[Rape con almejas]

500 g Venusmuscheln (in der Schale)
400 g Seeteufelfilet
Salz | Pfeffer
2 EL Mehl
1 Zwiebel | 2 Knoblauchzehen
1 Bund Petersilie
2 EL Olivenöl
100 ml trockener Weißwein
100 ml Fischfond (oder Gemüsebrühe)

Für 6 Portionen | Zubereitung **30 Min.** | Pro Person ca. **165 kcal, 19 g EW, 6 g F, 5 g KH**

1 Die Muscheln gründlich waschen und in einem Sieb abtropfen lassen, kaputte und geöffnete Exemplare aussortieren und wegwerfen. Das Fischfilet von Häutchen befreien, kalt abwaschen und trockentupfen. In ca. 3 cm große Würfel schneiden, salzen, pfeffern und im Mehl wenden.

2 Die Zwiebel und den Knoblauch schälen und klein würfeln. Die Petersilie waschen und trockenschütteln, die Blätter fein schneiden. Das Öl in einer Schmorpfanne erhitzen, die Seeteufelwürfel darin bei starker Hitze 3 Min. von allen Seiten anbraten. Herausnehmen und warm halten.

3 Zwiebel und Knoblauch in die Pfanne geben und 1 Min. anbraten. Mit Wein und Fischfond ablöschen, aufkochen lassen. Die Venusmuscheln dazugeben und zugedeckt 3 Min. bei starker Hitze kochen lassen. Den Fisch und die Petersilie dazugeben und zugedeckt bei schwacher Hitze 5 Min. ziehen lassen. Geschlossene Muscheln aussortieren. Seeteufelwürfel und Venusmuscheln jeweils mit etwas Sauce in sechs Schälchen verteilen und mit Weißbrot servieren.

ICH MÖCHTE KEINEN ALKOHOL VERWENDEN, WOMIT KANN ICH DEN WEIN ERSETZEN?

Verwenden Sie stattdessen mehr Fischfond (ca. 80 ml) mit 2 EL Zitronensaft und 1 Prise Zucker.

maurisch inspiriert

FLEISCHSPIESSCHEN
MIT ORANGEN-DATTEL-DIP

[Pinchos morunos con salsa de naranja y dátiles]

Für die Spieße:
4 EL Olivenöl | 2 EL Zitronensaft
je 1 TL gemahlener Kreuzkümmel und Koriander
2 Knoblauchzehen
1/2 TL Sambal oelek
1 TL Honig
400 g Schweinefilet
Öl für die Spieße

Für den Dip:
10 Walnusshälften
10 getrocknete Datteln
1 Bio-Orange
2 EL Walnuss- oder Sonnenblumenöl
Salz
Cayennepfeffer

Für 8 Spieße | Zubereitung **25 Min.** | Marinierzeit **2 Std.**
Pro Stück ca. **200 kcal, 12 g EW, 13 g F, 9 g KH**

1 In einer Schüssel 3 EL Olivenöl und den Zitronensaft mit Kreuzkümmel und Koriander verrühren. Den Knoblauch schälen und dazupressen. Sambal oelek und Honig unterrühren. Das Fleisch in 2 cm große Würfel schneiden und mit der Marinade mischen. Zugedeckt im Kühlschrank mindestens 2 Std. durchziehen lassen.

2 Für den Dip die Walnusshälften in einer Pfanne ohne Fett rösten, bis sie duften. Abkühlen lassen. Die Datteln entsteinen und klein schneiden. Die Orange heiß abwaschen und abtrocknen. Die Schale fein abreiben, den Saft auspressen. Walnüsse, Datteln, Orangenschale und -saft und Walnussöl im Mixer mittelfein pürieren. Mit Salz und Cayennepfeffer abschmecken.

3 Die Spieße einölen und das Fleisch aufstecken. Restliches Öl in einer Pfanne erhitzen. Die Spieße darin in 5–6 Min. rundherum braun braten. Herausnehmen und warm oder kalt mit dem Orangen-Dattel-Dip servieren.

WARUM MUSS ICH DIE SPIESSE EINÖLEN?

Das Fleisch löst sich nach dem Braten dadurch besser von den Spießen.

warm und kalt sehr fein

CHICKEN WINGS
MIT MANDEL-SAFRAN-DIP

[Alitas de pollo con salsa de almendras y azafrán]

Für die Chicken Wings:
1 kg Hühnerflügel
6 EL Sherry medium
1 EL Honig
1/2 TL Sambal oelek
3 EL Olivenöl
2 Knoblauchzehen
Salz

Für den Dip:
1 Döschen Safranfäden (0,1 g)
1 Scheibe altbackenes Weißbrot (ca. 40 g)
2 Knoblauchzehen | 4 EL Olivenöl
20 gehäutete Mandeln
1 reife Tomate | 1 EL Sherryessig
Salz | Cayennepfeffer

Für 6 Portionen | Zubereitung **45 Min.** | Marinierzeit **2 Std.**
Pro Person ca. **410 kcal, 18 g EW, 32 g F, 7 g KH**

1 Die Hühnerflügel im Gelenk auseinander schneiden, waschen und trockentupfen. Sherry, Honig, Sambal oelek und 3 EL Öl in einer Schüssel verrühren. Knoblauch schälen und dazupressen. Hühnerflügel untermischen, zugedeckt im Kühlschrank 2 Std. durchziehen lassen.

2 Den Backofen auf 200° vorheizen. Die Hühnerflügel salzen und auf einem Blech verteilen. Im heißen Ofen (Mitte, Umluft 180°) ca. 30 Min. backen, dabei gelegentlich wenden.

3 Inzwischen den Safran in 4 EL heißem Wasser auflösen. Brot würfeln, Knoblauch schälen. 2 EL Olivenöl in einer Pfanne erhitzen. Brot, Knoblauch und Mandeln darin 2–3 Min. bei mittlerer Hitze rösten. Tomate halbieren, mit der Schnittfläche nach unten in die Pfanne setzen, 2 Min. mitrösten. Abkühlen lassen, mit aufgelöstem Safran und Essig mittelfein pürieren. Restliches Öl unterrühren, mit Salz und Cayennepfeffer würzen. Als Dip zu den Chicken Wings servieren.

würzig gefüllt

LOMO-RÖLLCHEN
IN PAPRIKASAUCE

[Rollitos de lomo en salsa de pimientos]

600 g Schweinelachs (ausgelöstes Kotelettstück)
Salz | Pfeffer
6 Scheiben Serranoschinken
50 g grüne Oliven (ohne Stein)
1 Zwiebel | 2 Knoblauchzehen
1 Glas eingelegte rote Paprikaschoten
(in Öl, 150 g Abtropfgewicht)
2 EL Olivenöl
1 TL rosenscharfes Paprikapulver
400 g stückige Tomaten (aus der Dose)
1 Lorbeerblatt | Zucker
1/2 Bund Petersilie
Holzzahnstocher

Für 6 Portionen | Zubereitung **1 Std.** | Pro Person ca. **260 kcal, 24 g EW, 16 g F, 4 g KH**

1 Das Fleisch in 12 dünne Scheiben schneiden, mit der flachen Seite des Fleischklopfers noch ein wenig flach klopfen, leicht salzen und pfeffern. Schinkenscheiben halbieren. Jede Fleischscheibe mit 1/2 Scheibe Schinken belegen. Die Oliven fein hacken und darauf verteilen. Aufrollen und mit Zahnstochern zusammenstecken.

2 Zwiebel und Knoblauch schälen und fein hacken. Paprikaschoten in ein Sieb abgießen, abtropfen lassen und klein schneiden. Öl in einer Schmorpfanne erhitzen. Die Röllchen darin rundherum ca. 3 Min. anbraten. Herausnehmen. Zwiebel, Knoblauch und Paprikapulver in die Pfanne geben, 2 Min. unter Rühren anbraten. Paprikaschoten, Tomaten, Lorbeerblatt und 1/2 TL Zucker dazugeben und 5 Min. einkochen lassen. Röllchen wieder dazugeben und zugedeckt ca. 20 Min. bei schwacher Hitze schmoren lassen, gelegentlich umrühren. Mit Salz, Pfeffer und Zucker abschmecken.

3 Die Petersilie waschen und trockenschütteln. Die Blättchen fein schneiden und über das fertige Gericht streuen. Je zwei Lomo-Röllchen mit etwas Paprikasauce in ein Tonschälchen füllen und mit Weißbrot zum Auftunken der Sauce servieren.

WAS TUN, WENN ICH KEINEN FLEISCH-KLOPFER HABE?

Nehmen Sie eine Pfanne oder einen Stieltopf und plattieren das Fleisch damit – funktioniert genauso!

edles Fingerfood

LAMMKOTELETTS
MIT APFEL-ALIOLI

[Chuletas de cordero con alioli de manzana]

Für die Alioli:
1 säuerlicher Apfel
6 frische Knoblauchzehen
1/4 TL Salz
1 sehr frisches Eigelb
1 EL Zitronensaft
150 ml Olivenöl virgen extra

Für die Lammkoteletts:
8 Lammstielkoteletts (je ca. 60 g)
Salz | Pfeffer
2 EL Olivenöl
2 Knoblauchzehen
1 Zweig frischer Rosmarin

Für 4 Portionen | Zubereitung **40 Min.** | Pro Person ca. **785 kcal, 19 g EW, 76 g F, 7 g KH**

1 Den Backofen auf 180° vorheizen. Den Apfel waschen, in eine feuerfeste Form setzen und in ca. 20 Min. im Backofen (Mitte, Umluft 160°) garen. Herausnehmen und abkühlen lassen, das weiche Fruchtfleisch herauslöffeln und abkühlen lassen.

2 Den Knoblauch schälen (falls vorhanden, grüne Triebe unbedingt entfernen!) und klein würfeln. Mit dem Salz im Mörser fein zerstoßen. Eigelb und Zitronensaft dazugeben und zu einer cremigen Paste stampfen. Das Öl erst tropfenweise, dann in dünnem Strahl dazugeben und unterschlagen, bis eine dicke Mayonnaise entsteht. Das abgekühlte Apfelfruchtfleisch unterrühren und mit Salz abschmecken.

3 Die Lammkoteletts trockentupfen, von beiden Seiten salzen und pfeffern. Das Öl in einer Pfanne erhitzen. Den Knoblauch ungeschält zerdrücken und mit dem Rosmarinzweig in das Öl geben. Die Lammkoteletts einlegen und von jeder Seite ca. 3 Min. braten. Herausnehmen und die Kotelettstiele abreiben, damit man sie anfassen kann, ohne sich die Finger fettig zu machen. Je zwei Lammkoteletts mit einem Klecks Apfel-Alioli auf ein Tellerchen geben.

MEINE TURBO-VARIANTE

Die **Apfel-Alioli** schmeckt wunderbar, ist aber auch etwas aufwändig. So geht's **einfacher**: Den Knoblauch mit 1 Prise Salz mörsern und mit 3–4 EL Apfelmus (aus dem Glas) unter 200 g gute Mayonnaise rühren. Mit Zitronensaft abschmecken.

TAPAS

CROSSOVER

eiskalt servieren

TOMATENCREME
MIT PALMHERZEN

[Salmorejo con palmito]

50 g *miga* (Brotkrume von altbackenem Weißbrot) ++ 3 EL Sherryessig ++ 4 reife Tomaten (600 g) ++ 1 grüne Parikaschote ++ 8 EL Olivenöl virgen extra ++ Salz ++ 1 Bund Koriandergrün ++ 80 g Palmherzen (aus der Dose)

Für 4 Portionen | Zubereitung **20 Min.** | Kühlzeit **1 Std.**
Pro Person ca. **300 kcal, 5 g EW, 20 g F, 27 g KH**

1 Die *miga* in einem Schälchen mit dem Sherryessig beträufeln. Die Tomaten kreuzweise einschneiden und kurz in kochendes Wasser geben. Herausnehmen, häuten, entkernen und das Fruchtfleisch etwas zerkleinern. Die Paprikaschote waschen, putzen und in Stücke schneiden.

2 Eingeweichte *miga*, Tomaten und Paprika mit 4 EL Olivenöl und 1 kräftigen Prise Salz im Mixer fein pürieren. Für mindestens 1 Std. zugedeckt in den Kühlschrank stellen.

3 Das Koriandergrün waschen und trockenschütteln, grobe Stiele entfernen. Die Blättchen mit dem restlichen Öl fein pürieren. Die Palmherzen abtropfen lassen, erst in Scheiben, dann in Stifte schneiden. Die Tomatencreme in vier Schälchen verteilen. Mit dem Korianderöl dekorative Schlieren daraufträufeln und die Palmherzenstifte in die Mitte geben. Eiskalt servieren (siehe Tipp).

MEIN SERVIERTIPP
Salmorejo schmeckt geeist am besten. Und so ist er außerdem **ein echter Hingucker**: Servieren Sie ihn in Glasschalen, die Sie in etwas größere, mit Crushed Ice gefüllte Glasschalen stellen.

chili-
scharf

MARINIERTE ZITRONENGRAS-SARDELLEN

[Boquerones tailandeses]

1 Stängel Zitronengras
1/2 Bund Koriandergrün
1 große grüne Chilischote
4 EL Limettensaft
1/2 EL Zucker
Salz
2 EL Sonnenblumenöl
500 g sehr frische Sardellen
(ca. 24 Stück; beim Fischhändler vorbestellen)

Für 4 Portionen | Zubereitung **45 Min.** | Marinierzeit **2 Std.**
Pro Person ca. **335 kcal, 37 g EW, 18 g F, 3 g KH**

1 Das Zitronengras von äußeren harten Blättern befreien, das weiche untere Drittel sehr fein hacken. Das Koriandergrün waschen und trockenschütteln, Blätter und zarte Stiele fein hacken. Die Chilischote waschen, längs halbieren, entkernen und klein würfeln. Den Limettensaft mit Zucker, 1 Prise Salz und allen vorbereiteten Zutaten vermischen. Das Öl unterrühren.

2 Jede Sardelle mit einem spitzen Messer der Länge nach an der Bauchseite aufschneiden, die Eingeweide entfernen. Die Köpfe abschneiden. Die Sardellen aufklappen und die Rückengräte herauslösen (siehe TIPP). Die Sardellen gründlich waschen und mit Küchenpapier trockentupfen. Auf einer Platte anrichten und mit der Marinade beträufeln. Mit Klarsichtfolie abdecken und mindestens 2 Std. im Kühlschrank durchziehen lassen.

MEIN ENTGRÄT-TIPP

Nachdem Sie Kopf und Eingeweide entfernt haben, nacheinander jede Sardelle aufgeklappt auf die Arbeitsfläche legen, an der Kopfseite mit einem Finger festhalten und die Rückengräte mit Daumen und Zeigefinger der anderen Hand mit einem Ruck zum Schwanzende hin herausziehen.

Teneriffa trifft Italien

RUNZELKARTOFFELN
MIT OLIVEN-PESTO

[Papas arrugadas con mojo de aceitunas]

Für die Kartoffeln:
12 kleine festkochende Kartoffeln (ca. 600 g)
2 EL grobes Meersalz

Für das Oliven-Pesto:
2 EL Pinienkerne
1 Bund Basilikum
1 Knoblauchzehe
50 g grüne Oliven (ohne Stein)
2 EL Olivenöl
2 EL frisch geriebener Parmesan
Salz | Peffer

Für 4 Portionen | Zubereitung **35 Min.** | Pro Person ca. **210 kcal, 5 g EW, 10 g F, 24 g KH**

1 Die Kartoffeln gründlich waschen, in einen Topf geben und knapp mit Wasser bedecken. Das Meersalz hinzufügen und das Wasser zum Kochen bringen. Die Kartoffeln zugedeckt bei schwacher Hitze 20–25 Min. kochen lassen.

2 Inzwischen für das Pesto die Pinienkerne in einer Pfanne ohne Fett goldbraun rösten, abkühlen lassen. Basilikum waschen und trockenschütteln, die Blätter abzupfen. Den Knoblauch schälen. Alles mit den Oliven und dem Öl im Mixer pürieren. Den Parmesan unterrühren und mit wenig Salz (die Oliven und der Käse bringen schon Salz mit) und Pfeffer abschmecken.

3 Das Kartoffelwasser abgießen. Ein sauberes Küchentuch über den Topf breiten und den Deckel darauf legen. Die Kartoffeln unter Rütteln auf der ausgeschalteten Herdplatte (oder auf kleinster Flamme) ausdampfen lassen, bis sich die charakteristische runzelige Schale mit leichter Salzschicht bildet. Je 3 Kartoffeln auf einem Tellerchen mit etwas Oliven-Pesto servieren.

mit würzigem Topping

HACKBÄLLCHEN
MIT ORANGEN-GREMOLATA

[Albóndigas con »gremolata« de naranja]

Für die Bällchen:
100 g Chorizo | 350 g Rinderhack
1 kleine Zwiebel | 1 Knoblauchzehe
1 Ei | 2 TL rosenscharfes Paprikapulver
Salz | 4 EL Olivenöl
4 EL spanischer Brandy (ersatzweise Brühe)
400 g stückige Tomaten (aus der Dose)
Zucker

Für die Gremolata:
2 EL Mandelstifte
1 Bio-Orange
je 2 Zweige Petersilie und frische Minze

Für 6 Portionen | Zubereitung **45 Min.** | Pro Person ca. **320 kcal, 18 g EW, 24 g F, 4 g KH**

1 Die Chorizo sehr fein würfeln und mit dem Hackfleisch in eine Schüssel geben. Zwiebel und Knoblauch schälen und sehr klein würfeln. Beides mit dem Ei und dem Paprikapulver dazugeben und alles gut verkneten. Mit Salz abschmecken. Aus der Hackfleischmasse mit angefeuchteten Händen walnussgroße Bällchen formen.

2 Das Öl in einer Schmorpfanne erhitzen und die Bällchen darin bei mittlerer Hitze rundherum 3–4 Min. braten. Herausnehmen und warm stellen. Den Brandy in die Pfanne gießen, Tomaten dazugeben und mit Salz und Zucker würzen. Bei mittlerer Hitze 5 Min. zugedeckt kochen lassen. Die Hackbällchen in die Sauce geben und zugedeckt 5 Min. bei schwacher Hitze ziehen lassen.

3 Inzwischen die Mandelstifte in einer Pfanne ohne Fett goldbraun rösten, abkühlen lassen. Die Orange abwaschen und abtrocknen. Die Orangenschale mit einem Zestenreißer abraspeln. Petersilie und Minze waschen und trockenschütteln, die Blätter klein schneiden. Alles vermischen und kurz zusammen durchhacken. Vor dem Servieren über die Hackbällchen streuen.

WAS MACHE ICH, WENN ICH KEINEN ZESTENREISSER HABE?

Schälen Sie die Orange hauchdünn mit dem Sparschäler und schneiden die Schale dann in feine Streifen. Möglichst keine weiße Haut mit abschälen, denn sie schmeckt bitter!

mit Honig verfeinert

AUBERGINEN-CHIPS MIT ZIEGENFRISCHKÄSE

[Berenjenas con queso de cabra]

1 längliche Aubergine (ca. 250 g) | Salz
200 g Ziegenfrischkäse
100 g Joghurt | 2 Zweige frischer Thymian
2 getrocknete Tomaten (in Öl)
4–5 schwarze Oliven (ohne Stein)
Pfeffer | ca. 3 EL Mehl | Olivenöl zum Braten
6 TL Honig

Für 6 Portionen | Zubereitung **35 Min.** | Pro Person ca. **150 kcal, 9 g EW, 8 g F, 10 g KH**

1 Die Aubergine waschen und (möglichst mit einer Aufschnittmaschine) in gleichmäßige, 3 mm dicke Scheiben schneiden. Die Scheiben salzen, in einem Sieb aufeinanderstapeln und ca. 10 Min. Wasser ziehen lassen.

2 Inzwischen den Ziegenfrischkäse mit dem Joghurt glatt rühren. Den Thymian waschen, die Blättchen abstreifen und klein schneiden. Die getrockneten Tomaten und die Oliven sehr fein würfeln. Alles unter den Frischkäse mischen und mit Salz und Pfeffer würzen.

3 Die Auberginen kalt abbrausen, mit Küchenpapier trockentupfen. Im Mehl wenden. 1 cm hoch Öl in einer großen Pfanne erhitzen. Auberginen darin portionsweise in 2–3 Min. goldbraun braten. Herausnehmen und auf Küchenpapier abtropfen lassen. Pro Portion 2–3 Auberginen-Chips mit einem Klecks Ziegenkäsecreme auf ein Tellerchen geben und mit Honig beträufeln.

Die Autorin

Margit Proebst studierte Kunstgeschichte und Philosophie, daneben betrieb sie über viele Jahre einen kleinen Catering-Service. Seit 1999 arbeitet sie als Kochbuchautorin und Foodstylistin in München. Ihre Liebe für Spaniens Kunst und Küche führt sie regelmäßig auf die iberische Halbinsel. In diesem Büchlein präsentiert sie Ihnen die kulinarischen »Reisemitbringsel« dieses Sommers.

Der Fotograf

Klaus-Maria Einwanger ist selbstständiger Fotograf in Rosenheim. Vor Ort und im Ausland arbeitet er für Zeitschriften, Buchverlage und Werbeagenturen. Kreativ setzt er dabei Food-Spezialitäten aus aller Welt perfekt ins Bild. **Daniel Petri** (Foodstyling) unterstützte ihn tatkräftig bei diesem Projekt.

Die Temperaturangaben bei Gasherden variieren von Hersteller zu Hersteller. Welche Stufe Ihres Herdes der jeweils angegebenen Temperatur entspricht, entnehmen Sie bitte der Gebrauchsanweisung. Bei Elektroherden können die Backzeiten je nach Herd variieren.

Programmleitung: Doris Birk
Leitende Redakteurin: Stephanie Wenzel
Redaktion: Alessandra Redies
Lektorat: Katharina Lisson
Korrektorat: Stefanie Doll
Layout, Typographie und Umschlaggestaltung: Lucie Schmid, independent Medien-Design, München
Illustrationen Seite 4, 48 und U3: Harold Lazaro, Backyard10, München; außer: S. 4 dritte und fünfte von oben und U3 Nr. 7: Betti Trummer, Karlsruhe
Satz: Filmsatz Schröter, München
Herstellung: Bettina Häfele
Reproduktion: Penta Repro, München
Druck und Bindung: Druckhaus Kaufmann, Lahr

ISBN 978-3-8338-0664-3

1. Auflage 2007

GRÄFE UND UNZER

Ein Unternehmen der
GANSKE VERLAGSGRUPPE

DAS ORIGINAL · MIT GARANTIE · GU

DAS ORIGINAL MIT GARANTIE

Ihre Meinung ist uns wichtig. Deshalb möchten wir Ihre Kritik, aber auch Ihr Lob erfahren, um als führender Ratgeberverlag noch besser zu werden. Darum schreiben Sie uns! Wir freuen uns auf Ihre Post und wünschen Ihnen viel Spaß mit Ihrem GU-Ratgeber.

Unsere Garantie: Sollte ein GU-Ratgeber einmal einen Fehler enthalten, schicken Sie uns das Buch mit einem kleinen Hinweis und der Quittung innerhalb von sechs Monaten nach dem Kauf zurück. Wir tauschen Ihnen den GU-Ratgeber gegen einen anderen zum selben oder ähnlichen Thema um.

GRÄFE UND UNZER VERLAG

Redaktion Kochen & Verwöhnen

Postfach 86 03 13
81630 München
Fax: 0 89/4 19 81-113

oder schreiben Sie uns eine E-Mail:
leserservice@graefe-und-unzer.de

100 JAHRE GANSKE VERLAGSGRUPPE

ÜBER DEN TELLERRAND

 **1 XXL** Mit ihr gelang dem Städtchen Ciempozuelos bei Madrid der Eintrag ins Guinnessbuch der Rekorde: Beim »Festival de la Patata 2001« schufen Dutzende von Helfern aus 1500 kg Kartoffeln, 10 000 Eiern und 200 l Öl die größte Tortilla der Welt.  **2 Spießig** Im Baskenland heißen Tapas »pintxos«, zu Deutsch »Spieße«. Pinchos-Hochburg ist San Sebastian, wo alljährlich im August die »Semana grande«, die große Festwoche, beginnt. Neben Konzerten und Theateraufführungen stehen auch allerlei kuriose Wettkämpfe auf dem Programm wie z. B. der Milchkannenwettlauf.  **3 Tierfreunde** An Spaniens Fernstraßen begegnet man ihm überall: einem riesigen, schwarzen Stier – Markenzeichen eines bekannten Sherry-Produzenten und mittlerweile Nationalsymbol. Beinahe wäre es durch ein vom Verkehrsministerium erlassenes Reklameverbot an öffentlichen Straßen ausgerottet worden – beinahe: Ein eigens gegründeter Verein und großer Medienrummel sorgten für die Erhaltung dieser »Tierart«. 1997 erklärte der spanische Gerichtshof den Blechstier zu einem »wesensmäßigen Teil der spanischen Land-